Armin Täubner

Märchenhafte Fensterbilder

Frech-Verlag Stuttgart

Auflage: 5. 4. 3. 2. | Letzte Zahlen
Jahr: 1996 95 94 93 92 | maßgebend

frech-verlag
GmbH + Co. Druck KG Stuttgart · Druck: Frech, Stuttgart 31

ISBN 3-7724-1543-1 · Best.-Nr. 1543

Märchen – spannend und rührend, manchmal ein bißchen gruselig, lehrreich und aus unseren Kindertagen einfach nicht wegzudenken!
Sie schlagen nicht nur die Kleinsten in ihren Bann, wenn sie von schönen Prinzessinnen, mutigen Helden und heimtückischen Hexen erzählen.
Auch Erwachsene lassen sich von Märchen immer gerne verzaubern!
Die Abenteuer vom tapferen Schneiderlein, von Hänsel und Gretel, Schneewittchen und Rotkäppchen gehören zu den bekanntesten Märchen und können nun auch in Ihrer Wohnung lebendig werden: Märchenhafte Fensterbilder erzählen in verschiedenen Szenen vom gefährlichen Leben der großen und kleinen Helden dieser Geschichten.
Und mit ein bißchen Phantasie und Kombinationsfreude können Sie mit den Vorlagen dieser Mappe zudem noch ganz neue Märchen erfinden: Wie wäre es zum Beispiel, wenn sich das tapfere Schneiderlein auf den Weg macht, um das schöne Schneewittchen tollkühn und mutig aus den Klauen des gefährlichen Wolfes zu befreien?

Das tapfere Schneiderlein

Das tapfere Schneiderlein

Am roten Rock von hinten Kopf und Beine befestigen. Das Auge erst aufmalen, wenn das Haarteil fixiert ist. Nun werden der Gürtel (Sieben auf einen Streich) und die Schuhe angeklebt. Die Arme samt Händen anbringen.

Riesen

Die Riesen werden in derselben Reihenfolge wie das Schneiderlein zusammengeklebt.

Einhorn
Es wird als ein Teil mit dem Cutter ausgeschnitten. Horn und Hufe mit einem Filzstift schwarz einfärben. Anschließend Auge und Nüster aufmalen.

Eber
Nach dem Ausschneiden des Wildschweines werden beidseitig am Maul die beiden weißen Hauer befestigt. Das Auge aufmalen.

Kapelle
Auf das weiße Mauerwerk Dach und Turmdach kleben. Von hinten noch das Turmkreuz fixieren. Sind die zweiteiligen Fenster zusammengeklebt, werden sie in regelmäßigen Abständen auf dem Mauerwerk befestigt.

Schneewittchen und die sieben Zwerge

Schneewittchen
Den Kopf an das Kleid anlegen und beides durch das aufgeklebte Haarteil (punktierte Linie) verbinden. Den Arm in Schulterhöhe unter das Haarteil schieben. Von hinten Hände und Schuhe ankleben und das Auge aufmalen.

Jäger
An den beiden dunkelgrünen Armen (gestrichelte Linien) von hinten die Hände ankleben. Nun werden die Arme am graugrünen Rumpf (durchgezogene Linien) angeklebt. Anschließend das Haar-Bartteil, den Gesichtsausschnitt und den Hut befestigen. Bein und Stiefel doppelt ausschneiden, aufeinanderkleben und von hinten am Rumpf fixieren. Der Bogen kann als ein Teil mit dem Cutter ausgeschnitten werden. Bogen und Sehne können jedoch auch getrennt ausgeschnitten und anschließend zusammengeklebt werden. Beim Köcher von hinten die Pfeilfedern einkleben.

Zwerge
Auf den Anorak (punktierte Linie) das Haar-Bartteil (gestrichelte Linie) und den Gesichtsausschnitt (durchgezogene Linie) kleben. Der Ansatz des Arms wird bei manchen Zwergen in Schulterhöhe unter den Bart geschoben und in der gewünschten Position fixiert. Die Beine von hinten am Anorak befestigen und die Schuhe von vorn ankleben.

Werkzeug
Alle Werkzeuge werden als ein Teil ausgeschnitten und teilweise mit Filzstift bemalt. Auf die Laterne ein Stück gelben Tonkarton kleben und die Kerze aufmalen.

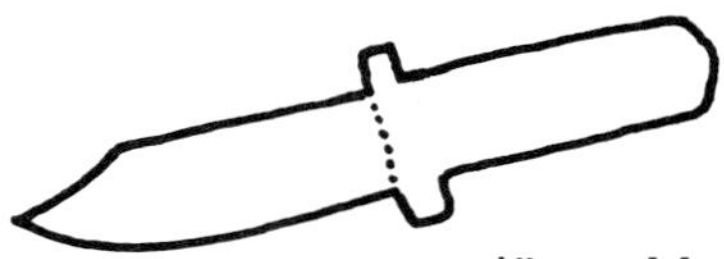

Jäger-Messer

Jäger-Hut

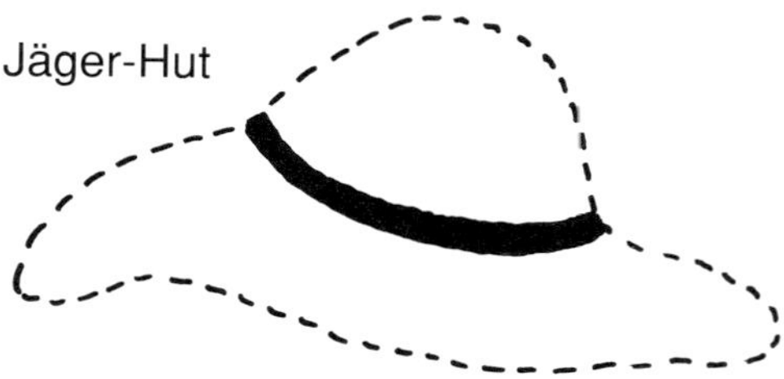

Zwergenhaus

Die Hausform (durchgezogene Linie) ausschneiden und den Kamin in die Aussparung legen. Nun wird das Dach aufgeklebt. Auf den Türrahmen Tür, Fenster und Klinke kleben. Der Türrahmen wird am Haus befestigt. Jetzt kann der Trittstein leicht nach unten überstehend angebracht werden. Zu beiden Seiten der Tür die Grasbüschel ankleben. Die beiden Fenster bestehen jeweils aus drei Teilen, d.h. auf den Fensterrahmen werden die beiden Glasscheiben geklebt.

Stiefmutter als Bäuerin verkleidet

Den Kopf am Rumpf anlegen und durch das aufgeklebte Kopftuch (punktierte Linie) zusammenhalten. Am Kleid von vorn den Arm, von hinten den Fuß ankleben. Am Arm die Hand mit dem Apfel anbringen. Das Auge mit Filzstift aufmalen.

Prinz
Den Kopf an den Rumpf anlegen und beides durch den aufgeklebten Umhang (Strich-Punkt-Linie) zusammenhalten. Den Armansatz unter den Umhang schieben. Anschließend werden Haarteil (punktierte Linie) und Krone am Kopf fixiert. Von hinten das Bein am Rumpf befestigen.

Pferd
Nach dem Ausschneiden aller Einzelteile das Zaumzeug anlegen und die zweiteilige Mähne aufkleben. Auge und Nüster aufmalen und die Hufe mit Filzstift schwarz einfärben. Abschließend den zweiteiligen Sattel anbringen und den Schweif fixieren.

Vorlagen zur Ausschmückung aller Märchen-Fensterbilder!

Rotkäppchen

Rotkäppchen
Kopf und Kleid werden durch das aufgeklebte Haarteil (gestrichelte Linie) miteinander verbunden. Anschließend das Käppchen (punktierte Linie) befestigen. Arm und Ärmel am Kleid fixieren. Die Beine werden von hinten am Kleid angebracht. Von vorn die Strümpfe (punktierte Linie) und die Schuhe ankleben.

Großmutters Haus
Dach und Kamin auf die weiße Hausform kleben. Die Tür auf den Türrahmen kleben und beides am Haus fixieren. Die Oberkanten von Tür, Fenster und Fensterläden sollten eine Linie bilden.

Wolf
Er wird als ein Teil ausgeschnitten. Das grüne Auge mit der aufgemalten Pupille aufkleben. Beim aufgeschnittenen Wolf wird die Schnittlinie am Bauch durch einen roten, von hinten angeklebten Kartonstreifen markiert. Als Gebiß wird ein Stück weißer Karton von hinten ans Maul geklebt. Die Zähne des Wolfsgebisses durch eine feine Zickzacklinie andeuten.

Geschenkkorb
Am Korb die beiden Tuchteile (gestrichelte Linien) befestigen. Die Weinflasche wird von hinten angeklebt.

Großmutter
Am Kopf das Haarteil fixieren und Auge samt Brille aufzeichnen. Das Nachthemd erhält einen weißen Kragen. Von hinten werden am Nachthemd Kopf und Beine samt Pantoffeln fixiert. Zum Schluß den Arm ankleben. Von der liegenden Großmutter ist nur der Kopf mit der Nachthaube sichtbar, d.h. das Haarteil braucht nicht aufgeklebt zu werden.

Himmelbett
Auf das blaue Bettgestell zuerst Kopfkissen und Decke kleben. Beides kann noch mit Filzstift verziert werden. Anschließend die Vorhänge (gestrichelte Linien) anbringen.

Jäger
Bei ihm werden Kopf und Rumpf durch das aufgeklebte Haar-Bartteil (gestrichelte Linie) zusammengehalten. Den zweiteiligen Hut zusammenkleben und am Kopf fixieren. Am Rumpf von hinten die Hose und daran von vorne die Stiefel befestigen. Dahinter wird das zweite Bein samt Stiefel leicht nach oben verschoben, so daß es teilweise noch erkennbar ist, angebracht. Abschließend die Arme mit den von hinten angeklebten Händen fixieren.

Hänsel und Gretel

Hänsel
Am Hemd von hinten Kopf und Hose ankleben. Die Füße ebenfalls von hinten an den Hosenbeinen fixieren. Bevor das Auge aufgezeichnet wird, das Haarteil befestigen. Die Hände werden stets von hinten an den Ärmeln angebracht.

Gretel
Zunächst Kopf und Füße von hinten am Kleid fixieren. An den Oberarmen die Ärmel ankleben. Die Arme werden dann in der gewünschten Stellung am Rumpf fixiert.

Hexenhaus
Am Mauerwerk (durchgezogene Linie) die beiden Dachbalken (gestrichelte Linie) fixieren. Nun werden auf den Türrahmen (Strich-Punkt-Linie) Trittstein und Türsturz (punktierte Linien) geklebt. Es folgt die Tür (mit Fenster und Klinke), die nur auf der rechten Seite angeklebt wird. In jedes Fenster (gestrichelte Linie) mit dem Cutter vier Öffnungen schneiden. Die Fensteröffnungen werden anschließend mit hellblauem Papier hinterklebt. Das runde Giebelfenster besteht aus zwei Kreisscheiben, die konzentrisch aufeinandergeklebt werden. Beim Aufkleben der Lebkuchen auf eine möglichst symmetrische Anordnung achten. Abschließend noch die beiden Grasbüschel befestigen.

Hexe

Den Kopf an den Rumpf anlegen und durch das Aufkleben des Kopftuches (punktierte Linie) miteinander verbinden. Auf den Hexenfuß von vorn den Pantoffel kleben. Anschließend wird der Fuß von hinten am Kleid fixiert. Am Arm zuerst die Hand befestigen. Beim Ankleben des Armes am Hexenrumpf die Länge des Stockes berücksichtigen.

Gänsestall

Er wird aus einem braunen Kartonstück überwiegend mit dem Cutter herausgeschnitten.

Hänsel wird dann von hinten an die braunen Stäbe geklebt.

Backofen

Das bröckelnde Mauerwerk des Backofens durch aufgeklebte Ziegelsteine sichtbar machen.

Die gelben und orangefarbenen Flammen und schließlich auch die Hexe von hinten am Backofen fixieren. Hexenbeine samt Pantoffeln werden von hinten am Kleid befestigt. Bevor der Ofen auf dem Bodenstück angebracht wird, müssen die Tannen im Hintergrund angeklebt werden.